7.60

So wird es gemacht:

Man öffnet das LÜK®-Kontrollgerät und legt die Plättchen so in den unbedruckten Deckel, daß die Ziffern von 1 bis 24 zu sehen sind.

Das Verfahren ist auf allen Seiten dasselbe:
Die Nummern auf den Plättchen sind Aufgabennummern und entsprechen immer den roten Nummern einer Aufgabenreihe im Heft.

Man ergreift also ein beliebiges Plättchen, sucht die entsprechende rote Aufgabennummer, löst die dazugehörige Aufgabe und legt das Plättchen dann auf dasjenige Feld im Kontrollgerät, dessen Nummer hinter dem jeweiligen Lösungswort oder -satz angegeben ist. Die Nummer des Aufgabenplättchens muß nach oben zeigen.

Wenn schließlich alle 24 Aufgaben einer Seite gelöst sind und folglich alle Plättchen auf den Feldern der Kontrollplatte liegen, schließt man das Kontrollgerät, dreht es um und öffnet es von der Rückseite. Ist jetzt das bei der Aufgabenreihe abgebildete Muster zu sehen, so hat man alle Aufgaben richtig gelöst.

Passen einige Plättchen jedoch nicht in das Muster, so dreht man diese Plättchen dort, wo sie liegen, um, so daß die Zahlen wieder oben sind, schließt den Kasten und öffnet ihn wieder von vorne. Nun nimmt man die umgewendeten Plättchen heraus, löst die dazugehörigen Aufgaben noch einmal und kontrolliert anschließend wie vorher.

Achtung: Dieses LÜK-Übungsheft kann und will kein eigenständiges Lehrwerk sein! Es soll und darf nicht als Ersatz für ein Unterrichtswerk betrachtet werden, das die kommunikativen Sprachfertigkeiten fördert!

Sinn und Ziel dieses LÜK-Übungsheftes ist das selbständige Üben, Wiederholen, Einschleifen, Nacharbeiten des im Unterricht Gelernten – sei es nun in der Binnendifferenzierung im Unterricht oder zu Hause.

Und nun viel Spaß!

Das Possessivpronomen bei Nomen mit sächlichem und männlichem Geschlecht im Nominativ Singular

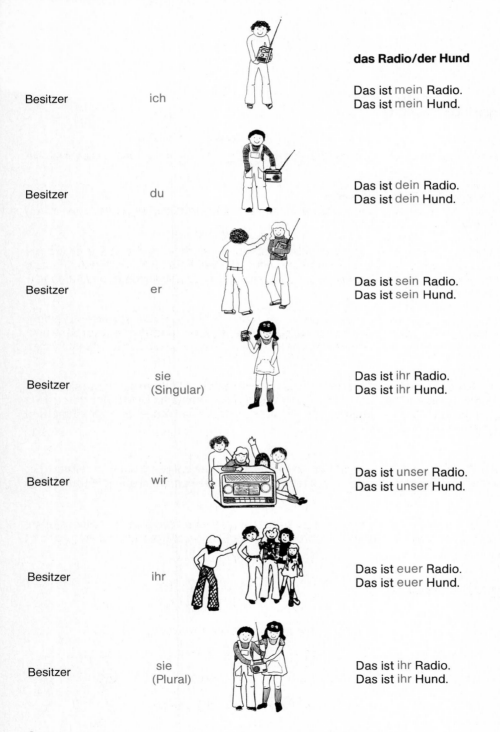

das Radio/der Hund

Besitzer	ich	Das ist mein Radio. Das ist mein Hund.
Besitzer	du	Das ist dein Radio. Das ist dein Hund.
Besitzer	er	Das ist sein Radio. Das ist sein Hund.
Besitzer	sie (Singular)	Das ist ihr Radio. Das ist ihr Hund.
Besitzer	wir	Das ist unser Radio. Das ist unser Hund.
Besitzer	ihr	Das ist euer Radio. Das ist euer Hund.
Besitzer	sie (Plural)	Das ist ihr Radio. Das ist ihr Hund.

Besitzer   Sie      Das ist Ihr Radio.
                                                                        Das ist Ihr Hund.

Welche Form ist richtig?

1	Besitzer:	ich	Das ist (ihr 3, mein 17) Radio.
2	Besitzer:	er	Das ist (sein 15, unser 7) Radio.
3	Besitzer:	wir	Das ist (unser 14, euer 1) Radio.
4	Besitzer:	ihr	Das ist (mein 12, euer 18) Radio.
5	Besitzer:	er	Das ist (sein 19, ihr 21) Radio.
6	Besitzer:	ich	Das ist (mein 16, sein 8) Radio.
7	Besitzer:	sie (Singular)	Das ist (ihr 21, unser 2) Radio.
8	Besitzer:	sie (Plural)	Das ist (dein 13, ihr 23) Radio.
9	Besitzer:	wir	Das ist (unser 13, euer 20) Radio.
10	Besitzer:	du	Das ist (dein 20, mein 7) Radio.
11	Besitzer:	Sie	Das ist (ihr 5, Ihr 24) Radio.
12	Besitzer:	sie (Plural)	Das ist (ihr 22, unser 8) Radio.
13	Besitzer:	ihr	Das ist (sein 9, euer 5) Hund.
14	Besitzer:	du	Das ist (dein 3, unser 12) Hund.
15	Besitzer:	ich	Das ist (Ihr 2, mein 1) Hund.
16	Besitzer:	wir	Das ist (euer 11, unser 6) Hund.
17	Besitzer:	ich	Das ist (unser 8, mein 9) Hund.
18	Besitzer:	sie (Singular)	Das ist (ihr 2, Ihr 4) Hund.
19	Besitzer:	wir	Das ist (ihr 8, unser 10) Hund.
20	Besitzer:	Sie	Das ist (Ihr 11, dein 12) Hund.
21	Besitzer:	ihr	Das ist (euer 7, mein 4) Hund.
22	Besitzer:	sie (Plural)	Das ist (ihr 4, Ihr 23) Hund.
23	Besitzer:	sie (Singular)	Das ist (ihr 12, Ihr 13) Hund.
24	Besitzer:	du	Das ist (dein 8, sein 18) Hund.

Übung zum Possessivpronomen bei Nomen mit sächlichem und männlichem Geschlecht im Nominativ Singular

Welche Form ist richtig?   **Besitzer**

1 der Brief   ich   Wessen Brief ist das?
Das ist (sein 4, mein 11, unser 12) Brief.

2 der Apfel   er   Wessen Apfel ist das?
Das ist (Ihr 20, sein 9, ihr 13) Apfel.

3 das Butterbrot   ich   Wessen Butterbrot ist das?
Das ist (dein 13, euer 3, mein 8) Butterbrot.

4 der Hund   ihr   Wessen Hund ist das?
Das ist (euer 12, unser 18, mein 16) Hund.

5 das Hobby   wir   Wessen Hobby ist das?
Das ist (unser 1, dein 6, euer 14) Hobby.

6 das Zimmer   sie   Wessen Zimmer ist das?
Das ist (Ihr 17, ihr 10, euer 5) Zimmer.

7 das Fahrrad   Sie   Wessen Fahrrad ist das?
Das ist (unser 2, Ihr 3, dein 19) Fahrrad.

8 der Onkel   du   Wessen Onkel ist das?
Das ist (unser 13, mein 7, dein 5) Onkel.

9 das Geld   sie   Wessen Geld ist das?
Das ist (Ihr 16, dein 20, ihr 7) Geld.

10 der Name   Sie   Wessen Name ist das?
Das ist (dein 4, Ihr 2, unser 13) Name.

11 das Buch   du   Wessen Buch ist das?
Das ist (dein 6, ihr 20, euer 21) Buch.

12	der Bruder	Sie	Wessen Bruder ist das? Das ist (mein 15, ihr 14, Ihr 4) Bruder.
13	das Handtuch	Sie	Wessen Handtuch ist das? Das ist (dein 4, Ihr 23, euer 18) Handtuch.
14	der Bleistift	sie	Wessen Bleistift ist das? Das ist (ihr 21, mein 7, sein 22) Bleistift.
15	der Kuchen	ihr	Wessen Kuchen ist das? Das ist (mein 2, euer 19, unser 16) Kuchen.
16	das Radio	sie	Wessen Radio ist das? Das ist (dein 14, unser 20, ihr 24) Radio.
17	das Fernsehgerät	wir	Wessen Fernsehgerät ist das? Das ist (unser 15, mein 18, euer 8) Fernsehgerät.
18	der Schulranzen	ich	Wessen Schulranzen ist das? Das ist (mein 20, dein 22, sein 14) Schulranzen.
19	der Füller	sie	Wessen Füller ist das? Das ist (unser 14, sein 13, ihr 16) Füller.
20	das Auto	wir	Wessen Auto ist das? Das ist (sein 18, unser 17, mein 14) Auto.
21	das Brötchen	ich	Wessen Brötchen ist das? Das ist (euer 22, unser 12, mein 13) Brötchen.
22	der Gast	ihr	Wessen Gast ist das? Das ist (unser 14, euer 22, dein 18) Gast.
23	das Motorrad	du	Wessen Motorrad ist das? Das ist (dein 18, sein 14, mein 21) Motorrad.
24	der Knopf	er	Wessen Knopf ist das? Das ist (Ihr 8, ihr 16, sein 14) Knopf.

Das Possessivpronomen bei Nomen mit weiblichem Geschlecht und Pluralformen

die Katze
Einzahl
(Singular)

die Katzen
Mehrzahl
(Plural)

Besitzer

Das ist meine Katze.	ich	Das sind meine Katzen.
Das ist deine Katze.	du	Das sind deine Katzen.
Das ist seine Katze.	er	Das sind seine Katzen.
Das ist ihre Katze.	sie	Das sind ihre Katzen.
Das ist unsere Katze.	wir	Das sind unsere Katzen.
Das ist eure Katze.	ihr	Das sind eure Katzen.
Das ist ihre Katze.	sie	Das sind ihre Katzen.
Das ist Ihre Katze.	Sie	Das sind Ihre Katzen.

Welche Form ist richtig?

1	Besitzer:	er	Das ist (seine 8, ihre 12) Katze.
2	Besitzer:	wir	Das ist (unsere 10, eure 9) Katze.
3	Besitzer:	ich	Das sind (deine 19, meine 11) Katzen.
4	Besitzer:	ihr	Das ist (eure 7, unsere 2) Katze.
5	Besitzer:	Sie	Das sind (Ihre 23, deine 18) Katzen.
6	Besitzer:	sie (Singular)	Das sind (meine 13, ihre 9) Katzen.
7	Besitzer:	er	Das sind (unsere 6, seine 21) Katzen.
8	Besitzer:	ich	Das ist (meine 19, seine 4) Katze.
9	Besitzer:	sie (Plural)	Das sind (Ihre 18, ihre 12) Katzen.
10	Besitzer:	wir	Das ist (unsere 24, seine 22) Katze.
11	Besitzer:	sie (Plural)	Das ist (ihre 20, eure 14) Katze.
12	Besitzer:	du	Das ist (deine 22, seine 13) Katze.
13	Besitzer:	er	Das sind (ihre 2, seine 1) Katzen.
14	Besitzer:	ihr	Das ist (seine 14, eure 3) Katze.
15	Besitzer:	Sie	Das ist (ihre 16, Ihre 5) Katze.
16	Besitzer:	ihr	Das sind (eure 2, deine 4) Katzen.
17	Besitzer:	du	Das sind (deine 16, meine 6) Katzen.
18	Besitzer:	Sie	Das ist (Ihre 6, meine 13) Katze.
19	Besitzer:	sie (Plural)	Das sind (unsere 18, ihre 15) Katzen.
20	Besitzer:	ich	Das ist (ihre 17, meine 14) Katze.
21	Besitzer:	ihr	Das sind (Ihre 4, eure 18) Katzen.
22	Besitzer:	wir	Das sind (unsere 4, meine 13) Katzen.
23	Besitzer:	du	Das sind (Ihre 17, deine 13) Katzen.
24	Besitzer:	sie (Singular)	Das ist (ihre 17, Ihre 16) Katze.

Übung zum Possessivpronomen bei Nomen mit weiblichem Geschlecht im Nominativ Singular und Pluralformen

Welche Form ist richtig?   **Besitzer**

1 die Bluse   ich   Wessen Bluse ist das?
Das ist (meine 8, seine 12, deine 18) Bluse.

2 die Schere   er   Wessen Schere ist das?
Das ist (seine 12, eure 19, unsere 6) Schere.

3 die Schwester   wir   Wessen Schwester ist das?
Das ist (Ihre 7, ihre 2, unsere 9) Schwester.

4 die Handschuhe   ihr   Wessen Handschuhe sind das?
Das sind (deine 20, eure 7, unsere 24) Handschuhe.

5 die Strümpfe   du   Wessen Strümpfe sind das?
Das sind (seine 5, Ihre 13, deine 4) Strümpfe.

6 die Bleistifte   sie   Wessen Bleistifte sind das?
Das sind (meine 23, Ihre 20, ihre 11) Bleistifte.

7 die Schuld   sie   Wessen Schuld ist das?
Das ist (ihre 6, eure 2, unsere 19) Schuld.

8 die Zigaretten   Sie   Wessen Zigaretten sind das?
Das sind (meine 17, Ihre 2, eure 3) Zigaretten.

9 die Flaschen   ihr   Wessen Flaschen sind das?
Das sind (deine 12, seine 22, eure 10) Flaschen.

10 die Blumen   wir   Wessen Blumen sind das?
Das sind (unsere 3, seine 19, ihre 20) Blumen.

11 die Federtasche   du   Wessen Federtasche ist das?
Das ist (deine 1, eure 5, unsere 14) Federtasche.

12 die Streichhölzer   er   Wessen Streichhölzer sind das?
Das sind (seine 5, meine 23, eure 15) Streichhölzer.

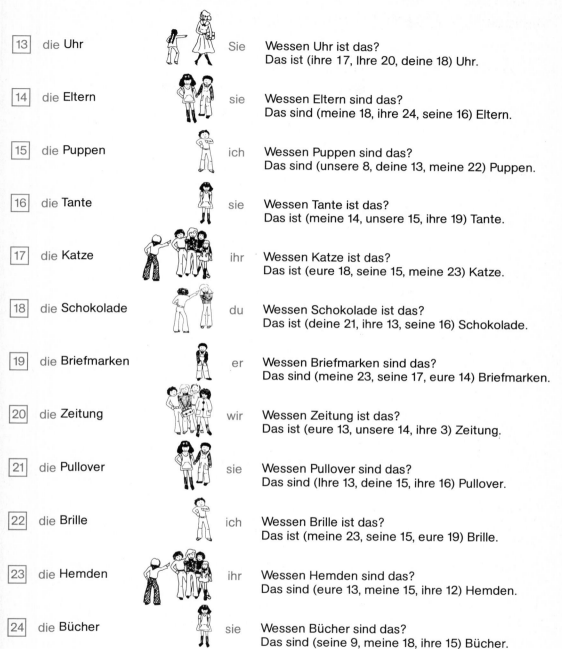

13	die Uhr	Sie	Wessen Uhr ist das? Das ist (ihre 17, Ihre 20, deine 18) Uhr.
14	die Eltern	sie	Wessen Eltern sind das? Das sind (meine 18, ihre 24, seine 16) Eltern.
15	die Puppen	ich	Wessen Puppen sind das? Das sind (unsere 8, deine 13, meine 22) Puppen.
16	die Tante	sie	Wessen Tante ist das? Das ist (meine 14, unsere 15, ihre 19) Tante.
17	die Katze	ihr	Wessen Katze ist das? Das ist (eure 18, seine 15, meine 23) Katze.
18	die Schokolade	du	Wessen Schokolade ist das? Das ist (deine 21, ihre 13, seine 16) Schokolade.
19	die Briefmarken	er	Wessen Briefmarken sind das? Das sind (meine 23, seine 17, eure 14) Briefmarken.
20	die Zeitung	wir	Wessen Zeitung ist das? Das ist (eure 13, unsere 14, ihre 3) Zeitung.
21	die Pullover	sie	Wessen Pullover sind das? Das sind (Ihre 13, deine 15, ihre 16) Pullover.
22	die Brille	ich	Wessen Brille ist das? Das ist (meine 23, seine 15, eure 19) Brille.
23	die Hemden	ihr	Wessen Hemden sind das? Das sind (eure 13, meine 15, ihre 12) Hemden.
24	die Bücher	sie	Wessen Bücher sind das? Das sind (seine 9, meine 18, ihre 15) Bücher.

Mischübung zum Possessivpronomen im Nominativ

Welche Form ist richtig?   **Besitzer**

1   das Fahrrad   ich   Wo ist......Fahrrad?
seine 3, mein 9, Ihre 6

2   der Kamm   sie   Das ist......Kamm.
dein 20, Ihr 12, ihr 11

3   die Note   du   ......Note ist nicht gut.
Meine 18, Deine 8, Sein 22

4   die Sachen   ihr   Sind das......Sachen?
unsere 15, eure 10, seine 13

5   der Schulranzen   er   Ist das......Schulranzen?
sein 2, ihr 7, Ihre 12

6   die Jacke   Sie   Das ist......Jacke.
Ihre 12, ihre 22, sein 14

7   die Zeichnungen   sie   ......Zeichnungen hängen im Klassenzimmer.
Deine 1, Ihre 6, Eure 4

8   die Blumen   wir   Das sind......Blumen.
dein 14, eure 17, unsere 4

9   das Fernsehgerät   Sie   Das ist......Fernsehgerät.
Ihr 7, eure 19, meine 21

10 der Tee   ich   Ist......Tee schon fertig?
mein 1, sein 23, ihre 3

11 das Zimmer   sie   Das ist......Zimmer.
ihr 3, unsere 13, seine 7

12 das Wörterbuch   ihr   Wo ist......Wörterbuch?
deine 16, euer 5, unser 21

Besitzer

13	die Streichhölzer	wir	Das sind......Streichhölzer. unsere 22, eure 19, deine 18
14	der Lehrer	ihr	Wo ist denn......Lehrer? meine 17, euer 24, unsere 13
15	der Füller	ich	Das ist......Füller. mein 20, meine 18, dein 12
16	die Wohnung	sie	Ist das......Wohnung? Ihre 19, ihre 21, eure 17
17	das Buch	du	Ist das nicht......Buch? mein 18, sein 15, dein 17
18	die Eltern	er	Sind......Eltern nicht zu Hause? deine 18, ihre 23, seine 19
19	der Hund	Sie	Bellt......Hund so laut? meine 4, sein 14, Ihr 18
20	die Fahrkarte	du	......Fahrkarte liegt auf dem Tisch. Ihre 13, Eure 23, Deine 15
21	die Namen	ihr	Wie sind......Namen? meine 14, dein 16, eure 13
22	der Schlitten	er	Das ist......Schlitten. sein 23, ihr 16, mein 6
23	die Schallplatte	sie	Das ist......Schallplatte. ihre 16, meine 14, unser 24
24	das Geld	wir	Das ist......Geld. dein 20, unser 14, euer 17

Der substantivische Gebrauch der Possessivpronomen im Nominativ Singular bei männlichem und sächlichem Geschlecht

der **Schlitten**

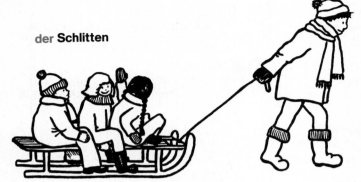

Das ist mein Schlitten.   Das ist meiner.
Das ist dein Schlitten.   Das ist deiner.
Das ist sein Schlitten.   Das ist seiner.
Das ist ihr (Singular) Schlitten.   Das ist ihrer. (Singular)
Das ist unser Schlitten.   Das ist unsrer!
Das ist euer Schlitten.   Das ist eurer!
Das ist ihr (Plural) Schlitten.   Das ist ihrer. (Plural)
Das ist Ihr   Schlitten.   Das ist Ihrer.

das **Fernsehgerät**

Das ist mein Fernsehgerät.   Das ist meins.
Das ist dein Fernsehgerät.   Das ist deins.
Das ist sein Fernsehgerät.   Das ist seins.
Das ist ihr (Singular) Fernsehgerät.   Das ist ihrs. (Singular)
Das ist unser Fernsehgerät.   Das ist unsres!
Das ist euer Fernsehgerät.   Das ist eures!
Das ist ihr (Plural) Fernsehgerät.   Das ist ihrs. (Plural)
Das ist Ihr   Fernsehgerät.   Das ist Ihrs.

Der substantivische Gebrauch der Possessivpronomen im Nominativ Singular bei weiblichem Geschlecht und Pluralformen

die **Katze**

Das ist meine   Katze.
Das ist deine   Katze.
Das ist seine   Katze.
Das ist ihre (Singular) Katze.
Das ist unsere   Katze.
Das ist eure   Katze.
Das ist ihre (Plural) Katze.
Das ist Ihre   Katze.

Das ist meine.
Das ist deine.
Das ist seine.
Das ist ihre. (Singular)
Das ist unsre!
Das ist eure!
Das ist ihre. (Plural)
Das ist Ihre.

die **Handschuhe**
(Plural)

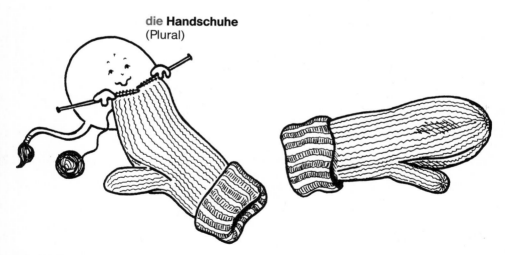

Das sind meine Handschuhe.
Das sind deine Handschuhe.
Das sind seine Handschuhe.
Das sind ihre (Singular) Handschuhe.
Das sind unsere Handschuhe.
Das sind eure   Handschuhe.
Das sind ihre (Plural) Handschuhe.
Das sind Ihre   Handschuhe.

Das sind meine.
Das sind deine.
Das sind seine.
Das sind ihre. (Singular)
Das sind unsre!
Das sind eure!
Das sind ihre. (Plural)
Das sind Ihre.

Die verschiedenen Teile des Körpers

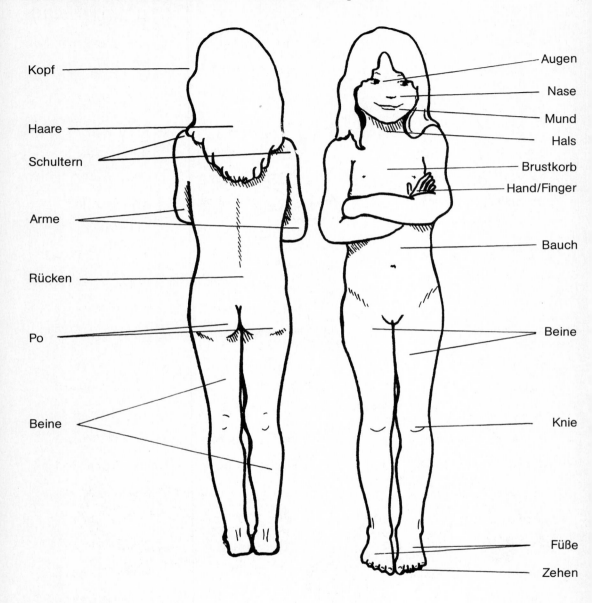

Kopf

Haare

Schultern

Arme

Rücken

Po

Beine

Augen

Nase

Mund

Hals

Brustkorb

Hand/Finger

Bauch

Beine

Knie

Füße

Zehen

Einzelne Körperteile

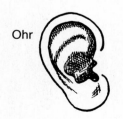

Ohr

Lippen

Daumen

Zeigefinger

Mittelfinger

Ringfinger

kleiner Finger

Übung:

Besitzer: ich	**Besitzer: du**	**Besitzer: er**
1 Das ist mein Kopf.	dein 16, deiner 3	sein 2, seiner 17
2 Das ist meine Nase.	deins 8, deine 5	sein 10, seine 15
3 Das ist mein Mund.	dein 7, deiner 14	seine 14, seiner 2
4 Das sind meine Augen.	deine 16, deins 19	seine 6, seinen 18
5 Das sind meine Wangen.	deinen 22, deine 19	seine 1, sein 19
6 Das sind meine Lippen.	dein 15, deine 18	sein 10, seine 4
7 Das sind meine Haare.	deine 23, deinen 2	sein 9, seine 3
8 Das sind meine Ohren.	dein 1, deine 21	sein 20, seine 5
9 Das ist mein Hals.	dein 7, deiner 1	seine 17, seiner 13
10 Das sind meine Schultern.	deinen 15, deine 8	seine 14, seinen 15
11 Das ist mein Brustkorb.	deine 12, deiner 10	seinen 12, seiner 18
12 Das sind meine Arme.	deine 12, dein 20	seine 16, seins 22
13 Das sind meine Hände.	dein 12, deine 15	seine 11, seinen 23
14 Das sind meine Finger.	dein 11, deine 17	seins 21, seine 9
15 Das ist mein Zeigefinger.	dein 20, deiner 13	sein 8, seiner 7
16 Das ist mein Daumen.	deinen 7, deiner 4	sein 12, seiner 24
17 Das ist mein Ringfinger.	deine 2, deiner 11	sein 8, seiner 21
18 Das ist mein Bauch.	dein 6, deiner 2	seine 10, seiner 20
19 Das ist mein Po.	deine 22, deiner 24	sein 12, seiner 10
20 Das ist mein Rücken.	dein 20, deiner 9	seine 14, seiner 23
21 Das sind meine Beine.	deine 7, deinen 6	seine 19, seins 8
22 Das sind meine Knie.	deins 20, deine 6	seine 22, seinen 8
23 Das sind meine Füße.	deine 22, deinen 20	seins 8, seine 12
24 Das sind meine Zehen.	dein 15, deine 20	seine 8, seinen 4

Welche Form ist richtig?

1 Das ist dein Geld. Es ist (deins 24, deine 13, sein 4).

2 Das ist unser Hund. Es ist (eurer 2, eures 15, unsrer 22).

3 Das ist Ihre Tasche. Es ist (Ihrs 3, Ihre 19, Ihrer 7).

4 Das ist seine Postkarte. Es ist (seiner 11, seine 23, seins 9).

5 Das ist euer Fernsehgerät. Es ist (seins 1, eures 7, eurer 20).

6 Das ist meine Brille. Es ist (meins 15, meine 21, meiner 20).

7 Das sind unsere Sachen. Es sind (unser 8, unsre 9, euer 18).

8 Das sind ihre Handschuhe. Es sind (sein 4, seins 10, ihre 11).

9 Das ist dein Fahrrad. Es ist (deins 20, deiner 13, seiner 3).

10 Das ist ihr Frühstück. Es ist (ihrs 8, seins 6, meins 10).

11 Das ist sein Heft. Es ist (sein 13, seins 12, seine 2).

12 Das ist unser Lineal. Es ist (meins 14, unsres 10, unsrer 17).

13 Das ist Ihr Füller. Es ist (Ihre 1, Ihrs 13, Ihrer 17).

14 Das sind ihre Haustiere. Es sind (ihrs 16, ihre 15, seins 2).

15 Das ist mein Schulranzen. Es ist (meiner 13, meins 4, deiner 5).

16 Das ist euer Plattenspieler. Es ist (eurer 18, eure 2, unsre 14).

17 Das ist mein Bett. Es ist (meins 4, meiner 2, deins 6).

18 Das ist deine Schallplatte. Es ist (deiner 3, deine 14, seine 16).

19 Das ist sein Brief. Es ist (seins 1, seine 19, seiner 3).

20 Das sind ihre Streichhölzer. Es sind (ihrs 5, ihrer 17, ihre 6).

21 Das sind unsere Eltern. Es sind (eure 16, unsre 2, eurer 1).

22 Das ist ihr Stadtplan. Es ist (ihrer 16, ihrs 5, ihre 12).

23 Das ist deine Schere. Es ist (deine 5, deins 1, seins 13).

24 Das sind seine Blumen. Es sind (seins 14, seine 1, sein 16).

Zuordnungsaufgabe

1	Das ist dein Radiergummi.	Es ist unsre. 22
2	Das ist sein Schwamm.	Es sind deine. 11
3	Das ist ihr (Singular) Klebstoff.	Es ist unsrer. 21
4	Das sind seine Fotos.	Es ist ihrer (Singular). 14
5	Das sind meine Bonbons.	Es ist seine. 24
6	Das ist ihr (Singular) Moped.	Es ist deine. 3
7	Das ist deine Tasse.	Es ist deiner. 17
8	Das ist Ihr Frühstücksbrot.	Es ist seiner. 9
9	Das sind unsere Filzstifte.	Es sind unsre. 13
10	Das ist dein Telefon.	Es sind eure. 7
11	Das ist meine Cola.	Es ist Ihrer. 12
12	Das ist mein Kakao.	Es ist seins. 16
13	Das ist euer Radio.	Es sind ihre. 15
14	Das ist unser Plattenspieler.	Es ist meine. 6
15	Das ist ihr (Plural) Schlitten.	Es ist meiner. 4
16	Das ist seine Mütze.	Es sind meine. 1
17	Das sind ihre (Plural) Pullover.	Es ist ihrer (Plural). 19
18	Das ist mein Kleid.	Es sind seine. 18
19	Das ist sein Hemd.	Es ist deins. 2
20	Das sind deine Hosen.	Es ist eures. 23
21	Das sind eure Eintrittskarten.	Es ist meins. 20
22	Das ist unsere Kreide.	Es ist ihrs. 10
23	Das ist Ihr Mantel.	Es ist Ihrs. 5
24	Das ist ihre (Singular) Jacke.	Es ist ihre. 8

Das Possessivpronomen im Akkusativ Singular bei Nomen mit sächlichem und weiblichem Geschlecht

Nominativ
Frage: wer oder was?

Akkusativ
Frage: wen oder was?

das Auto

Mein Auto ist schmutzig.
Dein Auto ist schmutzig.
Sein Auto ist schmutzig.
Ihr (Singular) Auto ist schmutzig.
Unser Auto ist schmutzig.
Euer Auto ist schmutzig.
Ihr (Plural) Auto ist schmutzig.
Ihr Auto ist schmutzig.

Ich wasche mein Auto.
Du wäschst dein Auto.
Er wäscht sein Auto.
Sie wäscht ihr (Singular) Auto.
Wir waschen unser Auto.
Ihr wascht euer Auto.
Sie waschen ihr (Plural) Auto.
Sie waschen Ihr Auto.

Nominativ und Akkusativ sind gleich!

die Tante

Meine Tante heißt Marlene.
Deine Tante heißt Effi.
Seine Tante heißt Ingrid.
Ihre (Singular) Tante heißt Barbara.
Unsere Tante heißt Marlies.
Eure Tante heißt Andrea.
Ihre (Plural) Tante heißt Eva.
Ihre Tante heißt Elke.

Ich zeichne meine Tante.
Du zeichnest deine Tante.
Er zeichnet seine Tante.
Sie zeichnet ihre (Singular) Tante.
Wir zeichnen unsere Tante.
Ihr zeichnet eure Tante.
Sie zeichnen ihre (Plural) Tante.
Sie zeichnen Ihre Tante.

Nominativ und Akkusativ sind gleich!

In welchem Fall steht das dickgedruckte Wort?

im Nominativ?
im Akkusativ?

1 Bei den Hausaufgaben brauche ich immer **mein Wörterbuch.** (Nominativ 4/Akkusativ 11)

2 Ist **deine Mutter** berufstätig? (Nominativ 21/Akkusativ 1)

3 Kannst du mir **dein Buch** für einen Moment geben? (Nominativ 9/Akkusativ 8)

4 **Euer Auto** fährt ziemlich schnell. (Nominativ 12/Akkusativ 17)

5 **Mein Fahrrad** ist rot und grün. (Nominativ 1/Akkusativ 20)

6 Am Sonntag haben wir **unsere Oma** besucht. (Nominativ 4/Akkusativ 22)

7 **Ihr Pullover** ist am schönsten. (Nominativ 15/Akkusativ 13)

8 Der Schüler hat **seine Lehrerin** etwas gefragt. (Nominativ 9/Akkusativ 5)

9 **Seine Lehrerin** hat die Frage beantwortet. (Nominativ 7/Akkusativ 8)

10 Die Lehrerin hat **seine Frage** beantwortet. (Nominativ 1/Akkusativ 2)

11 Habt ihr **eure Hausaufgaben** schon gemacht? (Nominativ 4/Akkusativ 6)

12 **Ihre Jacke** ist zu klein geworden. (Nominativ 16/Akkusativ 3)

13 **Unser Vater** arbeitet den ganzen Tag. (Nominativ 23/Akkusativ 20)

14 Ist **dein Buch** spannend? (Nominativ 9/Akkusativ 14)

15 Die Kinder haben **ihren Hund** gewaschen. (Nominativ 13/Akkusativ 19)

16 **Mein Zimmer** ist ziemlich klein. (Nominativ 24/Akkusativ 10)

17 Marion hat heute **ihr Frühstücksbrot** vergessen. (Nominativ 4/Akkusativ 3)

18 **Unsere Schule** liegt in der Müllerstraße. (Nominativ 20/Akkusativ 17)

19 **Seine Schwester** hat sich einen Vogel gekauft. (Nominativ 4/Akkusativ 8)

20 **Ihr Mantel** hängt an der Garderobe. (Nominativ 17/Akkusativ 14)

21 **Mein Auto** ist seit drei Tagen kaputt. (Nominativ 13/Akkusativ 18)

22 Wann haben Sie **Ihr Auto** in die Werkstatt gebracht? (Nominativ 18/Akkusativ 10)

23 Wo hast du **dein Wörterbuch** gekauft? (Nominativ 14/Akkusativ 18)

24 Manuela hat gestern **unsere Lehrerin** im Supermarkt getroffen. (Nominativ 4/Akkusativ 14)

Welcher Satz steht im Akkusativ?

1. Das ist meine Banane. 10
   Ich esse meine Banane. 16

2. Meine Limonade ist kalt. 4
   Ich trinke meine Limonade. 18

3. Sein Radio ist kaputt. 6
   Er bringt sein Radio in die Werkstatt. 13

4. Sie zeichnet ihre Katze. 15
   Ihre Katze heißt Katja. 20

5. Mario ißt sein Schulbrot. 1
   Heute schmeckt sein Schulbrot besonders gut. 12

6. Wir machen unsere Hausaufgabe. 17
   Unsere Hausaufgabe ist nicht schwer. 11

7. Ist Ihre Tante heute zu Besuch? 3
   Ich möchte Ihre Tante etwas fragen. 5

8. Karin braucht jetzt ihre Winterjacke. 3
   Ihre Winterjacke wärmt sehr gut. 7

9. Hast du meine Schultasche gesehen? 14
   Meine Schultasche ist verschwunden. 9

10. Wo ist ihre Kette? 4
    Sie sucht ihre Kette. 2

11. Brauchen Sie Ihre Brille? 4
    Ihre Brille liegt auf dem Tisch. 24

12. Deine Schwester ist sehr schön. 22
    Malst du deine Schwester? 6

13 Euer Zimmer **ist sehr unordentlich.** 22
Ihr müßt euer Zimmer **aufräumen.** 21

14 Ihre Tasse Tee **wird kalt.** 8
Sie müssen Ihre Tasse Tee **schnell trinken.** 23

15 Meine Jacke **ist jetzt zu klein geworden.** 7
Darum verschenke ich meine Jacke. 19

16 **Sie hat** ihr Lineal **vergessen.** 22
Ihr Lineal **liegt zu Hause.** 11

17 Euer Auto **ist sehr schmutzig.** 8
Ihr müßt euer Auto **waschen.** 12

18 **Du brauchst** dein Feuerzeug **nicht mehr zu suchen.** 20
Dein Feuerzeug **liegt im Auto.** 10

19 **Sie hat** ihre Mütze **vergessen.** 11
Ihre Mütze **hängt noch im Schulflur.** 24

20 **Sie wollen** ihre Bilder **verkaufen.** 10
Aber ihre Bilder **sind zu teuer.** 8

21 **Er hat** seine Fahrkarte **verloren.** 8
Seine Fahrkarte **war sehr teuer.** 24

22 **Du hast** deine Schallplatte **vergessen.** 24
Deine Schallplatte **liegt noch bei mir.** 7

23 **Wir wollen** unser Auto **abholen.** 9
Unser Auto **ist repariert worden.** 7

24 Meine Postkarte **ist besonders schön.** 2
Ich klebe meine Postkarte **an die Wand.** 7

Das Possessivpronomen im Akkusativ Singular bei Nomen mit männlichem Geschlecht und Pluralformen

Nominativ
Frage: wer oder was?

Akkusativ
Frage: wen oder was?

der Onkel

Mein Onkel ist sehr nett.
Dein Onkel ist sehr nett.
Sein Onkel ist sehr nett.
Ihr (Singular) Onkel ist sehr nett.
Unser Onkel ist sehr nett.
Euer Onkel ist sehr nett.
Ihr (Plural) Onkel ist sehr nett.
Ihr   Onkel ist sehr nett.

Ich besuche meinen Onkel.
Du besuchst deinen Onkel.
Er besucht seinen Onkel.
Sie (Singular) besucht ihren Onkel.
Wir besuchen unseren Onkel.
Ihr besucht euren Onkel.
Sie (Plural) besuchen ihren Onkel.
Sie besuchen Ihren Onkel.

Nominativ und Akkusativ sind nicht gleich!

die Bücher
(Plural)

Meine Bücher sind verschwunden.
Deine Bücher sind verschwunden.
Seine Bücher sind verschwunden.
Ihre (Singular) Bücher sind verschwunden.
Unsere Bücher sind verschwunden.
Eure Bücher sind verschwunden.
Ihre (Plural) Bücher sind verschwunden.
Ihre Bücher sind verschwunden.

Ich suche meine Bücher.
Du suchst deine Bücher.
Er sucht seine Bücher.
Sie (Singular) sucht ihre Bücher.
Wir suchen unsere Bücher.
Ihr sucht eure Bücher.
Sie (Plural) suchen ihre Bücher.
Sie suchen Ihre Bücher.

Nominativ und Akkusativ sind gleich!

Wie heißt das richtige Possessivpronomen?

> **Merke!** Diese Verben stehen mit dem Akkusativ:
> verkaufen, suchen, machen, fragen, legen, essen, besuchen,
> verschenken, vergessen, beantworten, finden, brauchen, beißen.

1. Mein Vater verkauft......Wagen. (seinen 9, sein 2)

2. Wie ist......Name? (deins 17, dein 23)

3. ......Bilder liegen in der Schublade. (Meine 20, Meinen 12)

4. Er sucht......Füller. (ihr 14, seinen 10)

5. Heute besuchen wir......Tante. (unsere 1, unseres 7)

6. Mario verschenkt......Schallplatten. (seins 6, seine 12)

7. ......Hefte sind sehr unordentlich. (Unser 21, Deine 17)

8. Habt ihr......Hund schon gefunden? (euren 4, eure 19)

9. ......Schulranzen ist heute sehr schwer. (Meinen 21, Mein 7)

10. ......Handschuhe sind besonders warm. (Unsere 14, Unser 13)

11. Wir brauchen......Handschuhe für den Winter. (unsere 3, unser 24)

12. Hat......Hund schon jemanden gebissen? (euer 6, eure 16)

13. Mario und Angela fragen......Eltern. (ihre 22, ihr 11)

14. ......Sachen liegen auf dem Tisch. (Ihre 11, Ihr 18)

15. Ich habe......Sachen auf den Tisch gelegt. (ihre 19, ihrs 15)

16. Die Kinder haben......Onkel in den Ferien besucht. (ihren 21, ihr 2)

17. Haben Sie......Bleistift vergessen? (meine 18, Ihren 5)

18. Angela ißt......Apfel. (meine 13, meinen 8)

19. Beantworten Sie bitte......Fragen! (ihre 18, Ihr 13)

20. Ich brauche......Tuschkasten morgen in der Schule. (meinen 15, mein 2)

21. Ihr macht......Hausaufgaben sehr ordentlich. (euren 24, eure 13)

22. Er muß erst......Eltern fragen. (sein 16, seine 24)

23. Hat sie......Hefte vergessen? (ihr 2, ihre 16)

24. ......Bruder ist viel größer als Sie. (Mein 2, Deine 4)

Mischübung zum Possessivpronomen im Akkusativ und Nominativ Singular und Plural

> **Merke!** Diese Verben stehen mit dem Akkusativ:
> finden, fahren, wegstellen, bekommen, vergessen, verstecken,
> machen, besuchen, abholen, teilen, verschenken.

1. Hast du......Arbeit schon gemacht? (deine 23, deiner 17)

2. ......Rechenaufgaben waren fast alle falsch. (Mein 3, Meine 21)

3. Am Sonntag haben wir......Lehrer besucht. (unseren 20, unserer 13)

4. Du mußt......Fahrkarte am Schalter abholen. (sein 4, deine 24)

5. Ich habe......Postkarte gestern bekommen. (ihren 7, Ihre 13)

6. Ihr habt......Handschuhe vergessen. (eure 22, euren 10)

7. ......Uhr geht nicht richtig. (Seinen 5, Seine 15)

8. Wo habt ihr......Hund versteckt? (eure 11, euren 17)

9. Wo haben Sie......Portemonnaie wiedergefunden? (Ihrs 9, Ihr 19)

10. ......Schwester ist größer als ich. (Mein 8, Meine 14)

11. Morgen kannst du......Tuschkasten bekommen. (meiner 8, meinen 18)

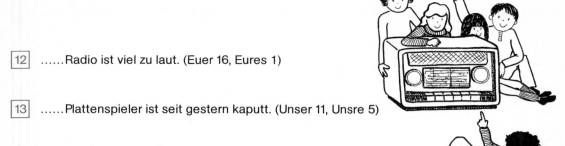

12 ......Radio ist viel zu laut. (Euer 16, Eures 1)

13 ......Plattenspieler ist seit gestern kaputt. (Unser 11, Unsre 5)

14 Das ist bestimmt nicht......Schuld. (meinen 6, meine 9)

15 Seit drei Jahren wohnen......Eltern in Portugal. (seinen 12, seine 7)

16 Abends fährt......Vater das Auto in die Garage. (mein 12, meine 2)

17 Hast du......Fahrrad weggestellt? (deinen 4, dein 3)

18 ......Fahrrad ist noch ganz neu. (Sein 8, Seine 10)

19 ......Stadtplan ist schon viel zu alt. (Ihren 6, Ihr 4)

20 ......Zimmer ist sehr klein. (Ihren 10, Ihr 5)

21 Die Kinder haben......Baukasten verschenkt. (ihren 1, ihr 10)

22 Sie heißt Milar. ......Name ist sehr selten. (Ihre 2, Ihr 10)

23 ......Blumen sind die schönsten. (Eure 6, Euren 2)

24 Wir wollen......Schokolade mit euch teilen. (unser 14, unsere 2)

Der substantivische Gebrauch der Possessivpronomen im Akkusativ Singular bei männlichem und sächlichem Geschlecht

der **Wagen**

Ich verkaufe meinen Wagen.   Du auch?   Ja, ich verkaufe meinen auch.

Du verkaufst deinen Wagen.   Ich habe gehört, du verkaufst deinen auch?

Er verkauft seinen Wagen.   Er auch?   Ja, er verkauft seinen auch.

Sie (Singular) verkauft ihren Wagen.   Sie auch?   Ja, sie verkauft ihren auch.

Wir verkaufen unseren Wagen.   Ihr auch?   Ja, wir verkaufen unsren auch.

Ihr verkauft euren Wagen.   Ich habe gehört, ihr verkauft euren auch?

Sie (Plural) verkaufen ihren Wagen.   Sie auch?   Ja, sie verkaufen ihren auch.

Sie verkaufen Ihren Wagen.   Ich habe gehört, Sie verkaufen Ihren auch?

das **Heft**

Liest er	unser Heft?		Nein, er liest	meins.
Liest du	dein Heft?		Ja, du liest	deins.
Liest du	sein Heft?		Ja, du liest	seins.
Liest sie	ihr (Singular) Heft?		Ja, sie liest	ihrs. (Singular)
Lest ihr	mein Heft?		Nein, wir lesen	unsres.
Lest ihr	euer Heft?		Ja, ihr lest	eures.
Lesen sie	ihr (Plural) Heft?		Ja, sie lesen	ihrs. (Plural)
Lesen Sie	Ihr Heft?		Ja, Sie lesen	Ihrs.

Welche Form ist richtig?

1. Lehrer: Marion, wo hast du......Tuschkasten? (deinen 15, dein 3)
2. Marion: Ich habe......vergessen. (meine 7, meinen 13)
3. Lehrer: Wer kann Marion helfen? Sie hat......Tuschkasten vergessen. (ihren 18, seinen 11)
4. Klaus: Marion kann......Tuschkasten mitbenutzen. (meine 9, meinen 16)
5. Lehrer: Marion, setze dich neben Klaus! Du kannst......mitbenutzen. (seinen 6, ihren 2)

6. Ute und Eva: Wir haben......Zimmer neu gestrichen. (uns 1, unser 14)
7. Ute und Eva: Habt ihr......auch gestrichen? (eures 2, euer 21)
8. Alf und Bernd: Nein, wir haben......nicht gestrichen. (unsres 4, uns 8)

9. Frau Müller: Ich hole......Mantel von der Garderobe. (meine 19, meinen 17)
10. Frau Müller: Soll ich......auch mitbringen, Frau Schmitt? (Ihre 3, Ihren 5)
11. Frau Schmitt: Ja bitte, bringen Sie......auch mit! (mein 23, meinen 3)

12. Ingrid: Ich bringe......gespartes Geld auf die Bank. (mein 1, meins 7)
13. Ingrid: Und wo hast du....., Ute? (deine 19, deins 22)
14. Ute: Ich habe......auf dem Sparbuch. (mein 24, meins 20)

15. Sonja stellt......Fahrrad abends immer in den Keller. (ihr 24, ihrs 11)
16. Und wo läßt Klaus......abends? (seine 9, seins 21)
17. Er stellt......immer in die Garage. (seinen 10, seins 7)
18. Und was macht Ute? Sie stellt......auch in die Garage. (ihrs 23, ihr 12)

19. Beate und Klaus: Wir lassen......Vogel immer im Käfig. (unseren 8, eure 4)
20. Beate und Klaus: Laßt ihr......frei fliegen? (euren 9, eures 11)
21. Pia und Brigitte: Ja, wir lassen......frei fliegen. Aber wir passen gut auf. (unsren 11, unsres 19)

22. Pia stellt......Stuhl auf den Tisch. (ihre 10, ihren 19)
23. Brigitte stellt......auch auf den Tisch. (ihren 10, ihr 12)
24. Du hast......auch auf den Tisch gestellt. (dein 2, deinen 12)

Der substantivische Gebrauch der Possessivpronomen im Akkusativ Singular beim weiblichen Geschlecht und Pluralformen

die Tasche
(Singular)

Nimmst du	meine Tasche?	Nein, ich nehme meine.
Nimmt er	unsere Tasche?	Nein, er hat deine.
Nimmt er	seine Tasche?	Ja, er nimmt seine.
Nimmt sie	deine Tasche?	Nein, sie nimmt ihre. (Singular)
Nehmt ihr	eure Tasche?	Ja, wir nehmen unsre.
Nehmen wir	ihre (Singular) Tasche?	Nein, ihr nehmt eure.
Nehmen sie	ihre (Plural) Tasche?	Ja, sie nehmen ihre. (Plural)
Nehmen Sie	Ihre Tasche?	Ja, Sie nehmen Ihre.

die Taschen
(Plural)

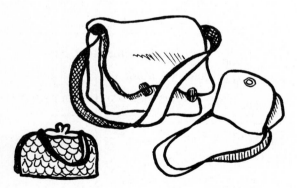

Brauchst du	deine Taschen?	Ja, ich brauche meine.
Braucht er	meine Taschen?	Ja, er braucht deine.
Braucht er	seine Taschen?	Ja, er braucht seine.
Braucht sie	ihre (Singular) Taschen?	Ja, sie braucht ihre. (Singular)
Braucht sie	Ihre Taschen?	Nein, sie braucht unsre.
Braucht ihr	eure Taschen?	Ja, ihr braucht eure.
Brauchen sie	(Plural) meine Taschen?	Nein, sie brauchen ihre. (Plural)
Braucht er	unsere Taschen?	Nein, er braucht Ihre.

Welche Form ist richtig?

1. Karola: Ich kann......Strümpfe nicht finden. (mein 4, meine 8)
2. Gabi: Ich suche......auch schon die ganze Zeit. (meine 12, meins 20)
3. Gabi: Klaus, weißt du, wo......sind? (deine 9, deinen 21)
4. Klaus: Ja, aber ich suche......Hose! (mein 14, meine 7)

5. Klaus und Eva, wo habt ihr......Zahnbürsten? (ihrs 1, eure 3)
6. Klaus: Eva hat......in ihrem Kulturbeutel. (ihren 19, ihre 11)
7. Eva: Klaus hat......im Nachtschrank. (seins 8, seine 5)

8. Kemal muß......Schultasche aufräumen. (seine 1, seinen 17)
9. Seine Schwester hat......auch aufgeräumt. (ihrs 17, ihre 10)

10. Bernd besucht......Klasse. (unseres 15, unsere 4)
11. Aber Lucia geht in.....! (eure 2, euren 19)

12. Hans und Ute, verkauft ihr......Schildkröte? (euren 13, eure 6)
13. Hans und Ute: Ja, wir verkaufen.....! Wollt ihr sie haben? (unsre 19, unsren 21)

14. Karla: Brigitte, wollen wir......Federtaschen tauschen? (unser 21, unsere 23)
15. Karla: Ich finde......viel schöner. (deins 14, deine 21)
16. Brigitte: Gut, einverstanden. Ich bekomme deine und du.....! (meins 17, meine 20)

17. Habt ihr......Eltern gefragt? Dürft ihr allein in die Ferien fahren? (eure 18, unseren 15)
18. Ja, wir haben......gefragt. Sie haben nichts dagegen. (unseren 14, unsere 22)

19. Sonja verschenkt......alten Spielsachen. (ihren 24, ihre 17)
20. Beate verschenkt......auch. (ihre 14, ihrs 16)
21. Klaus verschenkt......nicht. Er will noch damit spielen. (seins 13, seine 16)

22. Frau Müller: Frau Heusa, wo haben Sie......Jacke gekauft? (Ihren 15, Ihre 24)
23. Frau Müller: Ich finde......viel schöner als meine. (Ihrs 15, Ihre 13)
24. Frau Heusa: Das wundert mich. Ich finde......nämlich schöner als meine. (Ihrs 12, Ihre 15)

Mischübung zum Possessivpronomen

1. Hans: Michaela, hast du......großen Bruder gesehen? (mein 12, meinen 9)
Ich suche ihn schon die ganze Zeit.

2. Michaela: Ja, er ist hier gewesen. Wir haben zusammen......Hausaufgaben gemacht.
(unsere 11, euren 4)

3. Hans: Habt ihr......Hausaufgaben schon fertig? (eure 8, euren 20)

4. Hans: Ich muß......noch machen. (meins 24, meine 10)

5. Hans: Weißt du, wo......Bruder hingegangen ist? (meine 13, mein 20)
Ich muß ihn unbedingt etwas fragen.

6. Michaela: Was muß du......Bruder unbedingt fragen? (dein 17, deinen 12)

7. Hans: Ich brauche......Hilfe. (sein 16, seine 24)
Ich will eine Uhr reparieren.

8. Michaela: Ist es denn......Uhr? (dein 4, deine 22)

9. Hans: Nein, es ist nicht....., sie gehört meinem Bruder. (meins 17, meine 7)

10. Michaela: Sieh mal, da kommt ja......Bruder! (deine 21, dein 19)
Jetzt kannst du ihn fragen.

11. Hans: Herbert, wollen wir......kaputte Uhr reparieren? (dein 15, deine 21)
Wir haben heute in der Schule über Uhren gesprochen. Das war sehr interessant.

| 12 | Herbert: | Nein, auf gar keinen Fall! Meine Uhr kannst du nicht reparieren, ich bringe sie lieber zum Uhrmacher.
Aber wenn du willst, repariere doch......eigene! (deine 23, deins 1) |

| 13 | Mutter: | Wessen Spielsachen liegen schon wieder im Flur auf dem Boden? |

| | Marija
und Klaus: | Es sind......, wir räumen sie gleich weg. (unsre 4, unsres 16) |

| 14 | Mutter: | Wer hat schon wieder......Frühstücksbrot in der Schule nicht gegessen?
(seine 18, sein 6) |

| 15 | Marija: | Es ist......, ich habe keinen Hunger gehabt. (meine 14, meins 2) |

| 16 | Mutter: | Klaus, hast du......Fahrrad in den Fahrradständer gestellt?
(dein 3, deinen 17) |

| 17 | Klaus: | Ja, ich habe meins in den Fahrradständer gestellt. Marija hat......auch in den Fahrradständer gestellt. (ihre 16, ihrs 17) |

| 18 | Mutter: | Marija,......Schultasche sieht sehr unordentlich aus!
Räume sie bitte auf! (dein 5, deine 1) |

| 19 | Mutter: | Klaus hat......auch aufgeräumt. (seins 16, seine 18) |

| 20 | Klaus
und Marija: | Warum hast du......Betten nicht gemacht? (unseren 14, unsere 15) |

| 21 | Mutter: | Ich habe keine Zeit gehabt, ich habe......Freundin besucht. (mein 5, meine 13) |

| 22 | Klaus
und Marija: | Wann bekommen wir......Mittagessen? (unser 5, unseren 9) |

| 23 | Mutter: | Ich habe keine Zeit gehabt.
Ihr bekommt......Mittagessen erst heute abend. (euer 16, eures 14) |

| 24 | Mutter: | Klaus und Marija, eure Schuhe sind schmutzig!
Ihr müßt jetzt......Schuhe putzen! (eure 14, euer 15) |

Wozu brauchen wir......?

1. Wir brauchen......Zeigefinger zum Zeigen. (unseren 1, unsres 5)
2. Wir brauchen......Beine zum Laufen. (unseren 20, unsere 3)
3. Wir brauchen......Ringfinger für einen Ring. (uns 10, unseren 6)
4. Wir brauchen......Nase zum Riechen. (unser 7, unsere 2)
5. Wir brauchen......Augen zum Sehen. (unseren 22, unsere 17)
6. Wir brauchen......Mund zum Essen. (unsre 16, unseren 4)
7. Wir brauchen......Ohren zum Hören. (unsere 15, unsren 12)
8. Wir brauchen......Kopf zum Lernen. (unseren 13, unser 10)
9. Wir brauchen......Hand zum Schreiben.(unsere 5, unseren 9)

Marija hat sich weh getan!

10. Sie hat......Kopf am Tisch gestoßen. (ihre 12, ihren 18)
11. Sie hat......Schultern beim Sport verletzt. (ihr 8, ihre 14)
12. Sie hat......Daumen in der Tür eingeklemmt. (ihren 16, ihr 21)
13. Sie hat......Fuß beim Springen verstaucht. (ihr 24, ihren 7)
14. Sie hat......Hand auf der Herdplatte verbrannt. (ihre 9, ihren 8)
15. Sie ist beim Klettern auf......Po gefallen. (ihr 23, ihren 11)

Was Ivo jeden Morgen macht:

16. Er putzt......Zähne. (sein 19, seine 8)
17. Er wäscht......Gesicht. (sein 21, seinen 20)
18. Er wäscht......Hals. (seinen 12, seins 19)
19. Er säubert......Ohren. (seinen 16, seine 22)
20. Er putzt......Nase. (seins 24, seine 19)
21. Er kämmt......Haare. (sein 10, seine 23)
22. Er macht......Bett. (seinen 20, sein 10)
23. Er packt......Schultasche. (sein 24, seine 20)
24. Er ißt......Frühstücksbrot. (seine 15, sein 24)
Dann geht er in die Schule!